40 Años en la Iglesia sin Conocer a Dios

Philip Guenaga

El contenido de esta obra, incluyendo, pero no limitado a, la exactitud de eventos, personas, y lugares aquí representados, opiniones expresadas, incluyendo permiso para usar material previamente publicado; y cualquier asesoramiento recibido o acciones defendidas son unicamente la responsabilidad del autor, quien asume toda obligación relacionada a dicha obra e indemnizará al editor por cualquier reclamo derivado de la publicación de la misma.

Todos los Derechos Reservados.
Derechos de Autor © 2020 por Philip Guenaga.

Ninguna parte de este libro puede ser reproducida or transmitida, descargada, distribuida, revertida con ingeniería, o almacenada o introducida en ningún sistema para guardar y extraer información, a través de ninguna forma o medio, incluyendo fotocopiadoras y grabadoras, ya sea electrónica o mecánica, conocidos ahora o inventados en el futuro, sin el debido permiso por escrito del editor.

BRIMINGSTONE PRESS
WWW.BRIMINGSTONE.PRESS
5301 Alpha Rd, Suite 80 #200, Dallas, TX 75240

ISBN: 978-1-953562-98-2

RECONOCIMIENTO

Conocí a Philip Guenaga hace algunos años en un gimnasio que ambos frecuentábamos. Coincidíamos en muchos puntos cuando hablábamos acerca de las cosas de Dios. En poco tiempo comenzamos a tratarnos como hermano y hermana; y como ya saben, los hermanos no siempre están de acuerdo. Pero esto era diferente, las conversaciones eran interesantes y motivaban a la reflexión. Cada uno tenia su propia perspectiva en algunos temas, y a veces hasta retomábamos el mismo hilo de la conversación al día siguiente. Ya a este punto me quedaba muy claro que Philip sentía gran fervor sobre los temas de la palabra de Dios que discutíamos y comenzamos a jugar con la idea de que él pudiese escribir un libro. Me dio varias razones intentando explicar por qué no podía escribir, y por qué no debería hacerlo, y así seguía dando más y más excusas. Hoy me siento orgullosa de poder decir que me llena de mucha emoción ver que él finalmente escribió este libro que usted está a punto de leer. Me emociona saber que usted se sumergirá en una visión muy particular que tal vez nunca antes había experimentado.

Dra. Precious Taylor

PREFACIO

Quiero agregar algunas palabras sobre este libro y su autor. Conozco a Philip Guenaga desde hace 34 años. Este libro es, primeramente, un acto de amor. En segundo lugar, es un verdadero entendimiento de la palabra de Dios. Philip ama al Señor más allá de lo humanamente comprensible. Este libro está dedicado a esas personas que buscan una relación genuina con el dador de la vida, Cristo Jesús. De joven, Philip tuvo una experiencia con Dios que lo ayudó a superar tiempos difíciles. El nunca olvidó esa experiencia, no importa donde estuviera. Cuando Philip llegó a Rolla, Missouri en el 1986 y comenzó a asistir a la iglesia donde yo era el pastor, de inmediato me di cuenta de su consagración. Durante los próximos dos años y medio Philip fue una gran bendición para nuestra iglesia. Creo que puedo decir con toda certeza que este libro será una bendición para usted. Mientras usted lo lea, abra su corazón y permita que Dios le hable.

Pastor Larry Thornhill

CONTENIDO

RECONOCIMIENTO 4
PREFACIO 6
CONTENIDO 8
Introducción X
Nombre Verdadero de Adán y Eva 3
La Verdadera Imagen de Dios 4
Culpando a la Mujer 8
Los Niños en el Jardín del Edén 10
No Mataron a los Hijos de Job 16
Señales del Regreso de Jesucristo 20
El Plan de Salvación 29
Testimonio Personal 34
Agradecimientos 38
Aditamento 39

Introducción

Quiero empezar diciendo que existe una gran diferencia entre conocer acerca de Dios y conocer a Dios. La mayoría de la gente (especialmente la gente religiosa) conoce sobre Dios, pero muy pocos lo conocen realmente.

Yo fuí críado por una madre muy religiosa. Bajo la religión Católica, se me forzó a hacer mi Primera Comunión, y después de eso, mi madre fué por primera vez dueña de una Biblia. Ella comenzó a leerla y no resultó nada contenta con lo que leía ya que no coincidía con lo que le habían enseñado. Desde ese momento en adelante, mi madre comenzó a llevarnos a mi y a mis hermanos a todo tipo de iglesias hasta que se encontró con la doctrina Apostólica y se convirtió a esa fe porque sintió que era la doctrina que más se acercaba a la Biblia. No importaba donde nos llevara, las historias de la Biblia nunca cambiaban. Lo único que cambiaba de una iglesia a otra era el "Plan de Salvación." Unas creían que uno tenia que ser bautizado mientras otras estaban en desacuerdo. Otras no creían que era necesario hablar en lenguas mientras otras afirmaban que no se puede ser salvo sin hablar en lenguas. La razón principal por la que escribo este libro es para motivarle a leer la Biblia por usted mismo. Yo le voy a demostrar a usted que tan poquito conoce realmente a Dios sin importar cuál sea su nivel de conocimiento sobre las Escrituras.

x

40 Años en la Iglesia sin Conocer a Dios

XII

Nombre Verdadero de Adán y Eva

Empecemos con algo simple. Todas las religiones que conozco dicen lo mismo, que los NOMBRES del primer hombre y la primera mujer son Adán y Eva. Si usted hace esta pregunta en su iglesia, nadie estará en desacuerdo. Solo hay un problema, la Biblia está en desacuerdo. En Génesis 5:2 dice "Varón y hembra los creó, y los bendijo, **y llamó el nombre de ellos Adán, el día que fueron creados.**" La Palabra de Dios nos dice que el Creador puso el nombre de Adán a ambos. El ser humano puso el nombre de Eva a la mujer, no Dios. Primero la llamaban Mujer y luego cambiaron su nombre a Eva. Sí, ya sé que la Biblia hace referencia en muchas instancias a Adán y Eva, pero los humanos empezaron a hacer esto, no Dios. Sin embargo, en la voluntad perfecta de Dios, ambos siempre serían llamados Adán. Si algo cambió, es porque el ser humano hizo ese cambio, no lo hizo Dios.

La Verdadera Imagen de Dios

Lo cual conduce a otra pregunta: Si Dios creó al hombre (Adán) a su imagen, ¿a quién se estaba refiriendo? ¿Al hombre o a la mujer? Ambos fueron nombrados Adán, y antes de la caída ambos eran igual ante los ojos de Dios. **Génesis 1:27** dice **"Y creó Dios al hombre a su imagen, a imagen de Dios lo creó; varón y hembra los creó."** No podemos ignorar la última parte de este versículo, ambos fueron creados a su imagen, aunque Dios realmente no tenga un cuerpo, por así decirlo. Yo me presenté ante el Señor y tuvimos esta conversación:

> **Yo:** Señor, ¿quién es la imagen? El hombre y la mujer son imágenes diferentes.
>
> **Señor:** ¿Cuáles son los atributos de una mujer?

Yo: Para mi, Señor, los atributos de una mujer son amor, sufrimiento, paciente y atenta, solo por decir algunos.

Señor: ¿Cuáles son los atributos del hombre?

Yo: Para mi, Señor, los atributos del hombre son ley, orden, rectitud y disciplina, solo por decir algunos.

Señor: Yo soy todo eso. Por lo tanto, solo a través del matrimonio el hombre se convierte en mi imagen.

Ahora, alguien pudiera argumentar que yo simplemente estoy llegando a mi propio entendimiento y que las Escrituras no están escritas exactamente de esa manera, lo cual es cierto. Pero, ¿puede usted encontrar en las Escrituras algo para quitarle crédito a lo que escribí? O mejor todavía, ¿a caso esta conversación trae a la luz otras partes de las Escrituras?

Por ejemplo, **Génesis 2:24** "**Por tanto, dejará el hombre a su padre y a su madre, y se unirá a su mujer, y serán una sola carne.**" ¿Usted de verdad cree que nos convertimos literalmente en una sola carne? Claro que no, pero bajo el entendimiento de Dios, El se está refiriendo a su imagen.

He aquí un punto más sobre la imagen de Dios. Usted tal vez crea que esto no es realmente importante. Si piensa de esta manera, usted está en un error. La imagen de Dios es una de las fuerzas más poderosas aquí en la tierra. Recuerde la historia en **Mateo 8:28-34**, donde se habla acerca de los endemoniados que vinieron hasta El y lo reconocieron como el Hijo de Dios, aún antes de que Jesús hubiera abierto su boca. Ellos sintieron temor del Señor. Déjeme ponerlo fácil de entender. ¿Cuántas veces ha manejado usted por una carretera y automáticamente pone su pie sobre el freno cuando ve un carro de policía o mira que viene una patrulla de carreteras aunque usted esté conduciendo a una velocidad normal? Reaccionamos así por respeto a esa imagen y por la autoridad que esa imagen representa.

Las parejas casadas deberían entender que ellos también tienen ese tipo de respeto y poder en el mundo espiritual. Los demonios deberían sentir temor y respeto cuando los miran llegar. **Mateo 18:19 "Otra vez os digo, que si dos de vosotros se pusieren de acuerdo en la tierra acerca de cualquiera cosa que pidieren, les será hecho por mi Padre que está en los cielos."** Esta es la razón por la cual Satanás siempre está tratando de destruir a los matrimonios. El tiene temor de la imagen que representan. Si las parejas casadas (hombre y mujer) realmente se aman y se sostienen juntos en mutuo acuerdo, Dios cumplirá con su Palabra y el diablo temblará.

Culpando a la Mujer

En este capítulo voy a explicar cómo el hombre culpó a la mujer por la caída. Desde que puedo recordar, el hombre siempre ha culpado a la mujer por lo ocurrido en el Jardín del Edén. Pero estoy aqui para decirles que nunca fué culpa de ella, todo fué culpa de Adán. Miremos de cerca en Génesis 2:15-17, donde leemos que Dios puso al hombre en el jardín dándole instrucciones de no comer del árbol del bien y el mal, y también podremos darnos cuenta de que la mujer todavía no estaba por allí hasta Génesis 2:18-23. Hay algo en Génesis 2:17 a lo que debemos prestar mucha atención y es que Dios nunca le dijo a Adán que no debería tocar el fruto o el árbol, solo le dijo que no debía comerlo. Entonces, ¿por qué Eva le dice a la serpiente en Génesis 3:3 que Dios había dicho que no tenían permitido tocarlo? Dios nunca le dijo eso a Adán, y Eva no estuvo ahí durante esa conversación, lo cual significa que Adán fué quien transmitió a Eva la información sobre lo que Dios había dicho.

Entonces, Adán alteró lo que Dios habia dicho añadiendo que tampoco deberían tocarlo. En esencia, Adán mintió. ¿Será que fue aqui donde Satanás detectó su oportunidad para atacar a la mujer, ya que ella había recibido información falsa? Dios instruyó al hombre, no a la mujer, asi es que cuando la mujer tocó la fruta no pasó nada, y cuando comió de ella tampoco pasó nada. Las instrucciones nunca fueron para ella sino solo para Adán. Por lo tanto, cuando él comió del fruto los ojos de ambos fueron abiertos. Lo último que yo querría hacer es defender al diablo, pero ¿él realmente mintió cuando le dijo a Eva que no moriría cuando en realidad fué Adán quien dijo la mentira? Yo creo que si Adán nunca hubiera comido la fruta aún cuando Eva la hubiera comido, ninguno de los dos hubiera muerto jamás. Creo que Dios castigó a Eva porque ella se dejó usar como instrumento del diablo para hacer que Adán comiera la fruta.

Y agrego una nota más. El Señor le dijo a Adán que el día que comiera del fruto moriría. Muchos batallan para entender esto porque Adán vivió 930 años. Le explicaré a usted cómo es que Dios nunca se equivoca con 2 Pedro 3:8 donde dice que para el Señor un día es como mil años, y mil años son como un día. Asi es que Adán nunca vivió un día completo (mil años) sino que murió ese mismo día.

Los Niños en el Jardín del Edén

Ya que estamos en Génesis, abordemos ahora un tema que todas las iglesias enseñan. Presuntamente, Adán y Eva no tuvieron hijos mientras vivían en el Jardín del Edén. Miremos de cerca lo que nos dicen las Escrituras.

PUNTO # 1:

Génesis 1:28 Y los bendijo Dios, y les dijo: Fructificad y multiplicaos, llenad la tierra, y sojuzgadla, y señoread en los peces del mar, en las aves de los cielos, y en todas las bestias que se mueven sobre la tierra."

Tengo que creer que Adán y Eva sabían cómo ser fructíferos. Si no, ¿por qué Dios les hubiera dado un mandato que no entenderían?

No tenemos idea de cuánto tiempo estuvieron en el Jardín antes de ser expulsados. La Biblia no lo dice.

PUNTO # 2:

Génesis 3:16 "A la mujer dijo: Multiplicaré en gran manera los dolores en tus preñeces; con dolor darás a luz los hijos; **y tu deseo será para tu marido, y él se enseñoreará de ti.**" Después de haber caído, Dios castigó a Eva diciéndole que sus dolores de parto aumentarían grandemente, así es que ella tenía que saber la diferencia. Si ella nunca hubiera dado a luz antes, ¿cómo hubiera sabido lo que perdía, o sea -que antes había dado a luz sin tanto dolor? No sabemos cuántas veces, y como dije antes, no sabemos por cuánto tiempo vivieron ellos en el Jardín antes de ser expulsados, y cabe mencionar que Dios la hizo perfecta, así es que ella no hubiera tenido ningún problema quedando embarazada.

PUNTO # 3:

Génesis 3:20 "**Y llamó Adán el nombre de su mujer, Eva; por cuanto ella era madre de todos los vivientes.**" Adán le cambió el nombre de Mujer a Eva cuando fueron expulsados a causa de todos los hijos que tenía, y la única manera en que una mujer se convierte en madre es dando a luz a un hijo.

PUNTO # 4:

Génesis 4:14 "He aquí me echas hoy de la tierra, y de tu presencia me esconderé, y seré errante y extranjero en la tierra: y sucederá *que* cualquiera que me hallare, me matará." Después de que Caín mató a su hermano y Dios lo maldijo, Caín se preocupó pensando que otros querrían matarlo. ¿Quién iba a matarlo si se supone que él era el único hijo que quedaba sobre la tierra?

PUNTO # 5:

Génesis 4:17 "Y conoció Caín a su mujer; la cual concibió y dió a luz a Enoc; y edificó una ciudad, y llamó el nombre de la ciudad del nombre de su hijo, Enoc." Caín tenía una esposa. ¿De dónde vino ella? ¿Realmente podemos decir que Adán y Eva no tuvieron hijos en el Jardín del Edén a pesar de que las Escrituras indican lo contrario?

PUNTO # 6:

Un último punto, en Génesis 5:3 dice que Adán tenía 130 años cuando tuvo a Seth. Que alguien me explique, por favor, por qué Adán se tardó 130 años para tener solo 3 hijos. Yo nací en el año 1960, mis padres estuvieron casados por 18 años antes de divorciarse y tuvieron 8 hijos. Adán tuvo tres hijos en 130 años! Válgame! Definitivamente, algo está mal aqui. Y recuerde que Dios les dió el mandato de ser fructíferos y multiplicar la tierra.

Yo espero que ahora ya se esté dando cuenta por qué estoy tratando de incitar a cada persona para que lea la Biblia por su propia cuenta. Simplemente, usted no puede depender de alguien que se hace llamar ministro cuando esa persona ni siquiera estudia la Palabra de Dios y solo comparte estudios que ni siquiera ha investigado bien. Y aún después de haber investigado, usted tendría que ir al Autor (Dios) para descubrir si realmente ha logrado un verdadero entendimiento. ¡Qué bueno que todavía Dios está disponible cuando necesitamos ayuda!

A medida que avancemos, las cosas se pondrán más difíciles, pero haré lo mejor que pueda, con la ayuda de nuestro Señor Jesucristo, para hacer que todo sea muy fácil de entender.

Ya he compartido algunas de las cosas que entiendo sobre las Escrituras con expertos en Biblia y sus respuestas han sido que realmente no importa si uno cree que ellos (Adán y Eva) tuvieron o no tuvieron hijos mientras vivían en el Jardín porque eso no es importante. ¡Qué tristeza! Entonces, inventemos historias mientras enseñamos la Palabra de Dios al mundo mientras no afecte el "Plan de Salvación," e ignoremos las Escrituras según dice en **Mateo 5:18 "Porque de cierto os digo que hasta que pasen el cielo** y la tierra, ni una jota ni una tilde pasará de la ley, hasta que todo se haya cumplido."

Todo lo escrito en la Biblia es para nuestra edificación. El simple hecho de que usted no tenga un total entendimiento, no le da derecho a restarle importancia. Ahora sé de dónde salió Papa Noel; del mismo lugar de donde salió el conejo de Pascua. Después de todo, ¿qué daño se hace al contar mentiras en la iglesia cuando las historias son tan lindas e inofensivas? ¿Ahora puede ver por qué hay tantas religiones en el mundo?

Efesios 4:5 "**Un Señor, una fe, un bautismo.**" Y en

Efesios 4:14 "**Para que ya no seamos niños fluctuantes, llevados por doquiera de todo viento de doctrina, por estratagema de hombres que para engañar emplean con astucia las artimañas del error.**"

No Mataron a los Hijos de Job

Este siguiente punto va a causar que muchos ministros se enojen porque se negarán a creer que han estado enseñando y predicando esta historia incorrectamente. En la historia de Job, todos piensan que Dios permitió que Satanás matara a los hijos de Job. Lo cierto es que nunca nadie mató a los hijos de Job. Para poder entender esto, voy a tener que transportarlos al escrito original en Hebreo. No sé por qué el traductor hizo esto, pero es justo ahí donde empieza el problema. Cuando leemos la historia de Job y comenzamos a ver cómo él empieza a perder sus posesiones, tenemos que poner especial atención a a las palabras "criados", "pastores", y" jovenes". Estas tres palabras fueron tranducidas de la palabra Hebrea "nah'-ar. Que se encuentran en los vercircolus Job 1:15 – 17 y 19.

.

Si se fija en la escrituras originales en Hebreo, se va ha dar cuenta el error que hiso el traductor. Abajo esta escrita la original palabra y su definicion.

> (1) nah' -ar, desde **la edad de infancia hasta la adolescencia,** por implicación, un siervo; también (por intercambio de sexo), una niña (de similar latitud en edad): -bebé, niño, chico, damisela [del margen], muchacho, sirviente, joven (hombre).

Job 1:8 "Y Jehová dijo a Satanás: ¿No has **considerado a mi** siervo (eh' -bed) Job, que no hay otro como él en la tierra, varón perfecto y recto, temeroso de Dios y apartado del mal?"

Job 1:15 "Y acometieron los sabeos y los tomaron, y mataron a los criados (nah' -ar) a filo de espada; solamente escapé yo para darte la noticia."

Job 1:16 "Aún estaba éste hablando, cuando vino otro que dijo: fuego de Dios cayó del cielo, que quemó las ovejas y a los pastores (nah' -ar), y los consumió; solamente escapé yo para darte la noticia."

Job 1:17 "Todavía estaba éste hablando, y vino otro que dijo: Los caldeos hicieron tres escuadrones, y arremetieron contra los camellos y se los llevaron, y mataron a los criados (nah' -ar) a filo de espada; y solamente escapé yo para darte la noticia."

Job 1:18 "Mientras aún estaba hablando este, llegó otro mensajero y dijo:—Sus hijos e hijas estaban celebrando un banquete en casa de su hermano mayor,"

Job 1:19 "Y un gran viento vino del lado del desierto y azotó las cuatro esquinas de la casa, la cual cayó sobre los jóvenes (nah' -ar), y murieron; solamente escapé yo para darle la noticia."

Cuando usted llega a la parte de la historia cuando los criados se acercan a Job para contarle acerca de los percances ocurridos, según **Job 1:15-19**, cada vez que usted ve la palabra *criado* se usa la traducción de *nah' -ar* la cual hace referencia a un niño, no a un esclavo. Es aquí entonces donde el traductor hace un grave error. En **Job 1:19**, la parte donde dice "la cual cayó sobre los *jóvenes*" del Hebreo *nah' -ar*, ¿por qué el traductor habrá escogido usar una traducción diferente cuando ya había empezado a usar criados (nah' -ar)? Si el traductor hubiera empezado utilizando la palabra *jóvenes* y hubiera seguido usando la misma palabra hasta el final, nadie hubiera concluido que se estaba refiriendo a los hijos de Job. Como empezó utilizando la palabra criados, debió continuar usando esa misma palabra hasta el final, no terminar usando la palabra *jóvenes*.

Y ni siquiera he mencionado que todos los hijos de Job eran adultos. La Biblia relata que todos estaban tomando vino y los niños no toman vino. Todos los criados de Job eran niños hasta la edad de la adolescencia. Otro punto a destacar es, si es cierto que mataron a los hijos de Job, ¿por qué la esposa de Job estaba tan tranquila? Ella no parecía tener ninguna preocupación hasta que Satanás tocó el cuerpo de Job y ella se desquició y le dijo a Job que maldijera a Dios y se muriera. ¿Debo suponer que a ella le importaba más el cuerpo de Job que sus propios hijos?

Señales del Regreso de Jesucristo

El siguiente tema que trataré de abordar será el más difícil de todos. Va a requerir mucho de las Escrituras lo cual es bueno porque hará que el tema resulte mucho más sólido y respaldado. El tema trata de la venida de nuestro Señor Jesucristo, sin embargo, debo dejarle saber que ya hay algunos que creen en lo mismo que yo creo, mientras hay otros que están en total desacuerdo. Muchas personas creen que los Sellos de los cuales se escribe en el libro de Apocalipsis todavía no han sido abiertos y que no serán abiertos hasta después que ocurra el rapto de la iglesia. Voy a probar que ya cinco Sellos han sido abiertos. Tenemos que ir al libro de Mateo 24:3-35 o a Marcos 13:3-37, usted escoja cuál. En lo particular, prefiero Mateo. Simultáneamente, abra su Biblia en el libro de Apocalipsis capítulos 6 y 7. Sería mucho mejor si puede tener dos Biblias disponibles para que sea más fácil pasar de Mateo (o Marcos) al

Apocalipsis, y viceversa, de modo que podamos comparar los datos que le voy indicando.

El primer punto que debemos señalar es que en **Mateo 24:3,** los apóstoles deseaban saber cuáles iban a ser las señales de su venida y cuando llegaría el fin del mundo. Ellos le preguntan a Jesús, y el Señor empieza a decirles cuáles son esas **señales** que pueden identificar. Desde aquí en adelante, tenemos que aceptar que cualquier cosa que Jesús les diga, es refiriéndose a las señales de su venida y el fin del mundo. Mateo 24:4 dice "**Respondiendo Jesús, les dijo:** Mirad que nadie os engañe."

Mateo 24:5 "Porque vendrán muchos en mi nombre, diciendo: Yo soy el Cristo; y a muchos engañarán." Ahora vayamos a **Apocalipsis 6:2** "**Y miré, y he aquí un caballo blanco; y el que lo montaba tenía un arco; y le fue dada una corona, y salió venciendo, y para vencer.**" Algunos de ustedes no se habrán dado cuenta de que nuestro Señor regresa montado en un caballo blanco y llevando muchas coronas (Apocalipsis 19:11-16). Asi que, como pueden ver, en el primer sello se habla de un individuo que da la impresión de ser un cierto tipo de 'cristo'. Y el primer pecado que se cometió fue cuando Satanás tomó la Palabra de Dios y la manipuló para engañar a Eva en el Jardín del Eden. Satanás ha estado haciendo esto desde entonces. Hasta trató de engañar al mismísimo Jesús en el desierto cuando trató de alterar las Escrituras para hacer que Jesús convirtiera las piedras en pan.

Esta es la primera señal, Satanás ya "salió venciendo y para vencer." Otro punto que quiero resaltar rápidamente lo encontramos en 1ra de Pedro 5:8 donde dice que Satanás es como un león rugiente, pero en Apocalipsis 5:5 dice que Jesús es el león. Satanás siempre está tratando de imitar a Jesús.

Esta es la razón por la que existen tantas religiones. El arma número uno de Satanás es la religión y con ello persigue engañar a la gente haciéndoles creer que están salvos.

Algunos expertos desafiarán mi interpretación de este primer sello y eso está bien. En realidad, el punto que trato de probar es que los primeros cinco sellos ya han sido abiertos sin tomar en cuenta lo que cada cual piense qué signifiquen. Tengo la seguridad de que estoy en lo correcto.

No voy a tratar de dar una interpretación exacta de cada sello, pero voy a subrayar que cada vez que un sello se abre, usted notará que estamos, y ya hemos estado experimentando todo lo que está escrito en esos primeros cinco sellos.

El segundo sello (2da señal) está en **Apocalipsis 6:3** "**Cuando abrió el segundo sello, oi al segundo ser viviente, que decía: Ven y mira.**"

Apocalipsis 6:4 "**Y salió otro caballo, bermejo; y al que lo montaba le fue dado poder de quitar de la tierra** la paz, y que se matasen unos a otros; y se le dio una gran espada." Podemos comparar esto con lo que el Señor le dijo a sus discípulos en **Mateo 24:6** "Y oiréis de guerras y rumores de guerras; mirad que no os turbéis, porque es necesario que todo esto acontezca; pero aún no es el fin."

Pasando ahora al tercer sello (3ra señal), **Apocalipsis 6:5** dice "**Cuando abrió el tercer sello, oí al tercer ser viviente, que decía: Ven y mira. Y miré, y he aquí un caballo negro; y el que lo montaba tenía una balanza en la mano.**"

Apocalipsis 6:6 "**Y oí una voz de en medio de los cuatro seres vivientes que decía: Dos libras de trigo por un denario, y seis libras de cebada por un denario; pero no dañes el aceite ni el vino.**" Este sello habla de hambrunas, y en Mateo 24:7 el Señor también habla de hambrunas como una señal.

El siguiente es el cuarto sello (4ta señal) según **Apocalipsis 6:7** "**Cuando abrió el cuarto sello, oí la voz del cuarto ser viviente, que decía: Ven y mira.**"

Apocalipsis 6:8 "**Miré, y he aquí un caballo amarillo, y el que lo montaba tenía por nombre Muerte, y el Hades le seguía; y le fue dada potestad sobre la cuarta parte de la tierra para matar con espada, con hambre, con mortandad, y con las fieras de la tierra.**" Este sello suena bastante parecido a lo que el Señor le dice a sus discípulos en Mateo 27:7.

Ahora vayamos al quinto sello (5ta señal) en **Apocalipsis 6:9 "Cuando abrió el quinto sello, vi bajo el altar las almas de los que habían sido muertos por causa de la palabra de Dios y por el testimonio que tenían."**

Apocalipsis 6:10 "Y clamaban a gran voz, diciendo: ¿Hasta cuando, Señor, santo y verdadero, no juzgas y vengas nuestra sangre en los que moran en la tierra?"

Apocalipsis 6:11 "Y se les dieron vestiduras blancas, y se les dijo que descansasen todavía un poco de tiempo, hasta que se completara el número de sus consiervos y sus hermanos, que también habían de ser muertos como ellos." Ahora preste mucha atención a lo que el Señor le dice a sus discípulos en Mateo.

Mateo 24:9 "Entonces os entregarán a tribulación, y os matarán, y seréis aborrecidos de todas las gentes por causa de mi nombre." ¿En verdad alguien puede decir que esos sellos siguen cerrados? Todos somos testigos de esas actividades que ya ocurren en nuestro tiempo. El relato bíblico muestra que todas estas señales se han estado manifestando en la secuencia predicha. El próximo sello (6to) todavía sigue cerrado y merece un estudio intenso por sí solo. Muchos estarán en desacuerdo conmigo, si es que ya no lo han estado antes, pero como he dicho previamente, trataré lo mejor que pueda para no avergonzar a mi Señor Jesucristo.

Es en ese 6to sello cuando cosas terribles nunca antes vistas comenzarán a ocurrir.

Apocalipsis 6:12 "Miré cuando abrió el sexto sello, y he aquí hubo un gran terremoto; **y el sol se puso negro como tela de cilicio, y la luna se volvió toda como sangre.**"

Apocalipsis 6:13 "Y las **estrellas del cielo cayeron sobre la tierra,** como la higuera deja caer sus higos cuando es sacudida por un fuerte viento."

Apocalipsis 6:14 "Y el cielo se desvaneció como un pergamino que se enrolla; y todo monte y toda isla se removió de su lugar."

Apocalipsis 6:15 "Y los reyes de la tierra, y los grandes, los ricos, los capitanes, los poderosos, y todo siervo y todo libre, se escondieron en las cuevas y entre las peñas de los montes."

Apocalipsis 6:16 "Y decían a los montes y a las peñas: Caed sobre nosotros, y escondednos del rostro de aquel que está sentado sobre el trono, y de la ira del Cordero."

Apocalipsis 6:17 "Porque el gran día de su ira ha llegado; ¿y quién podrá sostenerse en pie?"

Mateo 24:21 "Porque habrá entonces gran tribulación, cual no la ha habido desde el principio del mundo hasta ahora, ni la habrá."

Mateo 24:22 "Y si aquellos días no fuesen acortados, nadie sería salvo; mas por causa de los escogidos, aquellos días serán acortados."

Mateo 24:23 "Entonces, si alguno os dijere: Mirad, aquí está el Cristo, o mirad, allí está, no lo creáis."

Mateo 24:24 "Porque se levantarán falsos Cristos, y falsos profetas, y harán grandes señales y prodigios; de tal manera que engañarán, si fuere posible, aun a los escogidos."

Mateo 24:25 "Ya os lo he dicho antes."

Mateo 24:26 "Así que, si os dijeren: Mirad, está en el desierto, no salgáis; o mirad, está en los aposentos, no lo creáis."

Mateo 24:27 "Porque como el relámpago que sale del oriente y se muestra hasta el occidente, así será también la venida del Hijo del Hombre."

Mateo 24:28 "Porque dondequiera que estuviere el cuerpo muerto, allí se juntarán las águilas."

Mateo 24:29 "E inmediatamente después de la tribulación de aquellos días, el sol se oscurecerá, y la luna no dará su resplandor, y las estrellas caerán del cielo, y las potencias de los cielos serán conmovidas."

Mateo 24:30 "Entonces aparecerá la señal del Hijo del Hombre en el cielo; y entonces lamentarán todas las tribus de la tierra, y verán al Hijo del Hombre viniendo sobre las nubes del cielo, con poder y gran gloria."

Mateo 24:31 "Y enviará sus ángeles con gran voz de trompeta, y juntarán a sus escogidos, de los cuatro vientos, desde un extremo del cielo hasta el otro."

A este punto, espero que de verdad pueda ver que lo que Jesús compartía cons sus discípulos es lo que está escrito en los primeros seis sellos. Muchos ministros predican y enseñan que la iglesia no va a atravesar por ninguna tribulación, pero obviamente están en un error. Jesús no se presenta hasta después de la gran tribulación. Como puede leer en Mateo 24:29, el texto coincide con Apocalipsis 6:12 y 13, y es en Mateo 24:31 cuando Jesús finalmente junta a su iglesia. En el libro de Apocalipsis esto no sucede hasta llegar al capitulo 7:9. Para aquellos que no aceptan que esta es la iglesia, tendrán que profesar que existirán dos raptos, no solamente uno, porque la iglesia es la única que ha lavado sus ropas con la sangre del Cordero. Esto se puede encontrar en Apocalipsis 7:14 donde también se dice que estos son aquellos que pasaron por la **Gran Tribulación**.

Créame cuando le digo que cuando escuche a los predicadores predicar que estamos viviendo en los últimos tiempos, están diciendo la verdad. No tenemos ni idea de cuando el sexto sello será abierto. Tal vez no sepamos ni el día ni la hora de Su segunda venida, pero sabremos cuando llegue el día en que se manifestará tan pronto como veamos que el sol se torna negro, la luna se convierte en sangre, y las estrellas comienzan a caer desde los cielos. Joel 2:31 y Hechos 2:29. Esta será la última vez que caeremos de rodillas pidiendo a Dios que nos perdone y El nos perdonará, de manera que quedemos sin manchas ni arrugas justo antes de nuestro rapto. En cumplimiento de las Escrituras, Efesios 5:27 dice "**A fin de presentársela a si mismo, una iglesia gloriosa, que no tuviese mancha ni arruga ni cosa semejante, sino que fuese santa y sin mancha.**" Sin embargo, esto solo se cumplirá con aquellos cuyos nombres hayan sido escritos en el Libro de la Vida. Lucas 10:20 "Pero no os regocijéis de que los espíritus se os sujetan, sino regocijáos de que vuestros nombres están escritos en los cielos."

Apocalipsis 20:15 "**Y el que no se halló inscrito en el libro de la vida fue lanzado al lago de fuego.**"

El Plan de Salvación

Solo hay una manera de lograr tener nuestro nombre escrito en el Libro de la Vida.

Juan 3:1 "Había un hombre de los fariseos que se llamaba Nicodemo, un principal entre los judíos."

Juan 3:2 "Este vino a Jesús de noche, y le dijo: Rabí, sabemos que has venido de Dios como maestro; porque nadie puede hacer estas señales que tú haces, si no está Dios con él."

Juan 3:3 "Respondió Jesús y le dijo: De cierto, de cierto te digo, que el que no naciere de nuevo, no puede ver el reino de Dios."

Juan 3:4 "Nicodemo le dijo: ¿Cómo puede un hombre nacer siendo viejo? ¿Puede acaso entrar por segunda vez en el vientre de su madre, y nacer?"

Juan 3:5 "Respondió Jesús: De cierto, de cierto te digo, que el que no naciere de agua y del Espíritu, no puede entrar en el reino de Dios."

Juan 3:6 "Lo que es nacido de la carne, carne es; y lo que es nacido del Espíritu, espíritu es."

Juan 3:7 "No te maravilles de que te dije: Os es necesario nacer de nuevo."

Juan 3:8 "El viento sopla de donde quiere, y oyes su sonido; mas ni sabes de dónde viene, ni a dónde va; así es todo aquel quees nacido del Espíritu."

Jesús lo deja muy en claro cuando dice que solo hay un camino hacia el Reino de Dios, no varios caminos. Usted querrá morar dentro de El cuando muera, y luego usted tendrá que nacer de nuevo de agua y del Espíritu. El Señor Jesucristo dijo a sus discípulos que fueran a enseñar a todas las naciones "bautizándolos en el nombre del Padre, y del Hijo, y del Espíritu Santo" (Mateo 28:19). Y bueno, para aquellos que practican el bautismo sumergiéndose por completo dentro del agua puedo decir que han empezado muy bien, pero apenas se han mojado un poco si primero no se han arrepentido de sus pecados. Y aún más, el ministro que le está bautizando debe invocar el nombre de Jesucristo. Así es, Jesucristo, y no del Padre, Hijo, y Espíritu Santo, ya que estos son títulos, no son un nombre. Lea las Escrituras con mucho cuidado y notará que Jesús dice 'bautizar en el nombre', no en los nombres. El **nombre** del Padre es Jesús (**Juan 5:43** "Yo he venido en nombre de mi Padre, y no me recibís; si otro viniere en su propio nombre, a ese recibiréis."), el nombre del Hijo es Jesús, y el nombre del Espíritu Santo es Jesús (**Juan 14:26** "Mas el Consolador, el Espíritu Santo, a quien el Padre enviará en mi nombre, El os enseñará todas las cosas, y os recordará todo lo que yo os he dicho.") ¿Por qué será que siempre que oramos lo hacemos en el nombre de Jesús, pero cuando se trata del bautismo muchos dicen "Padre, Hijo, y Espíritu Santo"? No hay otro nombre por el cual podemos ser salvos.

Hechos 4:12 "Y en ningún nombre hay salvación; porque no hay otro nombre bajo el cielo, dado a los hombres, en que podamos ser salvos."

La novia siempre toma el nombre del novio. Padre, Hijo, y Espíritu Santo no son nombres. Y si no lo ha notado aún, en el libro de los Hechos todos los apóstoles bautizaban en el nombre de nuestro Señor Jesucristo.

A continuación hablemos de 'nacer de nuevo en el Espíritu'. Muchos no entienden lo que dice la Escritura en Juan 3:8. Jesús está explicando cómo el viento sopla y lo escuchamos, y al final El dice, "…así es todo aquel que es nacido del Espíritu." No sé que piense usted, pero yo puedo estar dentro de un edificio mirando hacia afuera y puedo darme cuenta si el viento está soplando con solo mirar a los árboles y arbustos. También puedo caminar afuera y sentir el viento que sopla. Jesús no está hablando de mirar o sentir el viento soplando. El está hablando de escuchar el viento soplar, porque tiene un sonido. Esto coincide con el dia del Pentecostés cuando todos hablaron en lenguas al ser derramado el Espíritu Santo sobre ellos. Hechos 2:2 dice "Y de repente vino del cielo un estruendo como de un viento recio que soplaba…" Entonces, si usted asegura que ha recibido al Espíritu Santo, tiene que hacerlo con la evidencia de hablar en otras lenguas, porque tiene que ser escuchado (un sonido), no sentido o visto. Y lo repito de nuevo, Jesús dijo, "…así es todo aquel que es nacido del Espíritu", no algunos, no solo esta generación, ni solamente los apóstoles o los discípulos… sino TODOS.

Podríamos preguntarnos cómo hay que hacer para recibir al Espíritu Santo. En realidad es bastante simple. Esto es un regalo de Dios, sin requerir obras, ni ayunos o rituales especiales, solo creyendo. Si usted ya cree en Dios aún sin verlo, entonces usted ya tiene la fe suficiente para recibir al Espíritu Santo. Simplemente hable en lenguas dejándose guiar por el Señor. Cuando hables en lenguas y crees que es el Espiritu Santo es el Espiritu Santo, se crees que estas fingiendo es que estas fingiendo. Nadie debería poder convencerle a usted de que Dios no existe, y nadie debería poder convencerle de que usted no tiene al Espíritu Santo si usted ha estado hablando en lenguas.

Muchos le preguntarán si ha sentido algo pero aqui los sentimientos no tienen nada que ver. Yo me levanto todas las mañanas y raramente siento la presencia del Señor. ¿A caso quiere decir eso que El no existe? Esto es crucial en su camino con Dios. La única manera para sobrevir es aprendiendo a caminar con Dios porque de otra manera el enemigo le destruirá. Esta es una de las razones, sino la principal razón por la que vamos a la iglesia, para fortalecer nuestra fe. Usted no necesita ir a la iglesia para que le digan que no debe mentir, engañar, robar, etc. Usted ya debería saber todo eso.

Por favor entienda que yo no estoy promoviendo ninguna religión. Si usted está feliz donde está, entonces permanezca ahí. Solo me estoy asegurando de que usted entienda cómo lograr que su nombre esté escrito en el Libro de la Vida. Si su Padre Celestial no está complacido con el lugar donde usted está, ese sería un asunto entre usted y El. Yo soy solo un servidor que trata de amar a todas las personas sin importar el lugar que hayan escogido para adorar.

Testimonio Personal

Voy a compartir un poquito más sobre mi testimonio, ya que al principio compartí como fue mi crianza con una madre muy religiosa. El ambiente en nuestro hogar era un infierno, en mi casa no había amor. Tengo un hermano mayor y cinco hermanas y todos nos odiábamos entre sí. Fui tan abusado desde niño que hubiera deseado haber sido abortado. Cuando el Señor finalmente realizó un impacto en mi vida a la edad de 17 años y me arrepentí de mis pecados, yo quise ser bautizado y así se lo dije a mi madre, pero ella me respondió que yo era un idiota y que no sabía lo que estaba haciendo. No hace falta decir que ella ni siquiera asistió a mi bautizo, a pesar de que había sido ella quien en un principio me obligaba a ir a la iglesia. Y no quiero ni empezar a hablar sobre mi padre. El solo fue un donador de semilla. En cada oportunidad que tenía nos golpeaba, ya sea que lo mereciéramos o no. Y pobre de nosotros si algún vecino venia a quejarse de nosotros porque nos golpeaba hasta hacernos sangrar frente al vecino. Yo no tenía ninguna estima propia. Mi punto promedio en mi último año de la escuela secundaria era 1.67. Ni siquiera entiendo cómo pude graduarme. Nunca conocí el amor hasta que le entregué mi vida a Dios. Todavía hoy en día tengo secuelas por eso. Sin embargo, mi amoroso Dios me ha bendecido con la mejor y mas hermosa esposa del mundo. Me casé a los 31 años de edad y valió la pena haber esperado. Serví 10 años en las fuerzas armadas. Por favor, no sienta pena por mi. Hay muchos más niños que la han pasado mucho peor que yo. Solo estoy agradecido de que el Señor no se cansó de tocar a mi puerta hasta que le abrí. El Señor me ha usado para orar por los enfermos, y hasta me hizo orar por un hombre muerto que regresó a la vida. He tenido experiencias fuera de mi cuerpo, sueños, visiones… etc. Yo conozco a mi Dios. Cuando todavía tenía poco tiempo en los caminos del Señor, hasta quise quitarme la vida porque sentía que no tenía ni un amigo. Pero Dios se manifestó y me dijo que El sería mi amigo. Desde entonces mi vida nunca volvió a ser la misma.

No sé que mas puedo hacer para motivar a que todos lean más la Biblia. Yo sé que no es fácil de entender, pero mientras más usted la lee, más podrá llegar a comprender a Dios. En ocasiones, cuando yo leía la Biblia me parecía difícil de creer que Dios haría tal o cual cosa, pero mientras más la estudiaba, más lograba entenderla. A veces conseguir una revelación puede tomar años. Y es cierto, la revelación solo viene de Dios si El encuentra agrado en revelárselo a usted. Por ejemplo, en Lucas 7:19-22 me costó mucho entender la respuesta que Jesús dio a los discípulos de Juan para que la hicieran llegar a su primo Juan quien estaba encerrado en la prisión, en la que le contaba a Juan sobre los milagros que había hecho, sobre el ciego que pudo ver, el cojo que pudo caminar, los leprosos que fueron limpios, y los muertos que se levantaron. Y eso que, Satanás también tiene el poder de sanar (**Apocalipis 13:3**) "Vi una de sus cabezas como herida de muerte, pero su herida mortal fue sanada; y se maravilló toda la tierra en pos de la bestia." Yo batallé con esto por años hasta que el Señor abrió mis ojos. Jesús no se estaba refiriendo a ello como un aspecto físico, sino en una perspectiva espiritual. El vino a salvar lo que se había perdido (Mateo 18:11), su pueblo teniendo ojos y no podía ver, y porque no podían ver, no podían caminar. La limpieza de los leprosos se refería a sus pecados siendo perdonados y los muertos espirituales eran levantados. Estas son cosas que Satanás no puede hacer. Esto encaja perfectamente con las Escrituras en **Isaías 55:8** "Mis pensamientos y conducta son radicalmente diferentes a los de ustedes. **Isaías 55:9** "Como son más altos los cielos que la tierra, así son mis caminos más altos que vuestros caminos, y mis pensamientos más que vuestros pensamientos."

La única manera en que podremos entender algunas de las cosas que están escritas en la Biblia será cuando a Dios le agrade darnos su entendimiento.

Está bien si acaso no entiende las escrituras. Pero por lo menos hable con Dios para pedirle ayuda. El está más que dispuesto a compartir. Lo que más dificulta el entendimiento es cuando el hombre le llena a usted su cabeza con su propio entendimiento. Cada persona tiene su opinión y de ahí surge el gran número de religiones que hay. Establezca una vida de oración. Una persona que no sepa leer tambien puede llegar a conocerle y puede hablar con El. Esta es la manera como yo he descubierto todo lo que he escrito en este libro, hablándole y pidiéndole.

Agradecimientos

Quiero dar un agradecimiento especial a mi Pastor Larry Thornhill, quien fuera mi pastor cuando estuve estacionado en Ft. Leornard Wood, Missouri. El fue la persona que me animó a escribir. También quiero agradecer a una amiga especial, la Dra. Precious, quien también me impulsó a escribir y además ha dado mucho más de sí misma al editar este libro. Y por último, pero no menos importante, agradezco a mi esposa Reyna quien hizo las ilustraciones. Todas las citas usadas en este libro fueron substraídas de la versión de la Biblia King James.

Su humilde servidor, Philip Guenaga
guenagap@yahoo.com

Aditamento

Lo que voy a compartir con usted a continuación es mi propia teoría sobre los dinosaurios. Ya sé que mucha gente se pregunta cómo encajan estos animales en la creación y la existencia de la humanidad. No podemos negar que no existieron porque los museos están llenos de pruebas, pero los científicos aseguran que existieron hace millones de años. Sin embargo, de acuerdo a la Biblia, el hombre solo ha existido por menos de 7,000 años. Permítame deglosarlo usando las Escrituras.

Génesis 1:1 "En el principio creó Dios los cielos y la tierra."

Génesis 1:2 "Y la tierra estaba desordenada y vacía, y las tinieblas estaban sobre la faz del abismo, y el Espíritu de Dios se movía sobre la faz de las aguas."

Como puede ver, Génesis 1:1 dice que hubo una creación, pero luego en el segundo verso dice que no hay nada. Si yo le digo a usted que construí una casa y le muestro un terreno vacío, usted de seguro me va a preguntar que dónde está la casa. Lo mismo ocurre aquí, ¿dónde está la creación? Yo creo que algo más pasó entre los versos 1 y 2.

Si vamos a Ezequiel 28:11-19, leeremos sobre un querubín ungido que fue expulsado, también conocido como Satanás. Ahí se afirma que antes de ser expulsado, este querubín caminó en el Jardín del Edén. ¿Cómo es eso posible? Ya sabemos que él estuvo allí después de la caída en forma de serpiente, pero está escrito que él estuvo allí antes de la caída. ¿Es que acaso habían dos Jardín del Edén? ¡Para nada!

Yo creo que la primera creación que Dios creó en Génesis 1:1 pertenecía a Lucifer, y fue aquí donde Dios creó a los dinosaurios. Pero cuando se halló en él iniquidad, Dios lo sacó del cielo y lo expulsó, y al mismo tiempo destruyó su reino con agua. Isaías 14:12-15. Así es, el diluvio de Noé fue la segunda vez que Dios destruía la tierra con agua.

Esa podría ser la razón por la cual él (Satanás) está siempre fastidiándonos, porque Dios lo destronó y destruyó su reino e hizo una nueva creación para el hombre, y este reino ahora pertenece al hombre.

Usted no tiene que creerme todo esto. Como decimos en Inglés, es solo alimento para el pensamiento.

Yo espero y oro para que este libro provoque en usted el buscar a Dios por si mismo. Empiece su propia relación con El, y sea usted mismo, tal como Dios le ha creado.

Que tenga un dia bendecido.

www.ingramcontent.com/pod-product-compliance
Lightning Source LLC
Chambersburg PA
CBHW041752040426
42446CB00001B/16